AF560988

Die besten Breie für ihr Baby: Breikost selber kochen

Das Beikostbuch mit 80 Rezepten

inklusive Ernährungsplan und Nährstoffliste

Inhaltsverzeichnis

1. Ich bin jetzt da

Liebe Eltern,

viel ist passiert bis zu diesem Moment, wo Sie jetzt dieses Buch lesen und sich fragen was für Ihren kleinen Schatz wohl in Zukunft und tagtäglich das Beste ist.

Eine aufregende Zeit liegt schon hinter Ihnen, Schwangerschaft, Geburt, die ersten Tage und vielleicht sogar schon Monate.

Hier sind ein paar Tipps, Tricks und Rezepte zusammen gefasst, die Ihnen helfen sollen Ihr Baby so langsam, nach und nach, an Beikost zu gewöhnen.

Vorab, es gibt keinen richtigen Zeitpunkt und kein so ist es richtig oder so ist es falsch. Im Prinzip kann man nach dem 4. Monat anfangen mit Beikost, das muss man aber nicht. Jedes Kind ist anders und man merkt oft sogar schon bei den Kleinen wenn sie Interesse an normalem Essen haben. Wenn sie beobachten wie Mama und Papa essen und Interesse daran zeigen, dann sollte man es ruhig probieren. Im Gegensatz dazu, wenn man dem Kind den ersten Möhrenbrei anbietet und es sich schüttelt und es offenbar dauerhaft ablehnt, dann würde ich persönlich einfach noch etwas warten. Auch das Zahnen spielt eine grosse Rolle bei dem Ganzen. Wenn die ersten Zähnchen kommen und im Mund sowieso schon alles weh tut, ist es für das Baby das einfachste und schönste seine Milch zu trinken. Je mehr man sein Baby beobachtet, desto mehr stellt man fest was ihm schon gut tut und was ruhig noch etwas warten kann.

Letztendlich wollen wir alle das Gleiche, dass unsere Kleinen glücklich, gesund und munter sind.

Ich hoffe Sie finden in diesem Ratgeber etwas für Sie nützliches, das Sie im Alltag verwenden können.

2. Trinken

Solange man sein Baby stillt oder mit der Flasche füttert, benötigt es keinerlei andere Getränke. Es ist sowohl mit Muttermilch, also auch mit normaler Babymilch aus dem Geschäft, rundum versorgt.

Wenn ab dem 4. Monat langsam mit Beikost angefangen wird, bedeutet das noch lange nicht, dass das Baby jetzt schon trinken muss! Es kann ab diesem Zeitpunkt stilles Wasser oder ungesüsster Tee angeboten werden, je besser es mit der Beikost klappt, desto verstärkter können Sie normales Trinken anbieten. Hier nun ein paar Rezepte für selbstgemachte Teesorten.

2.1. Kamillentee

Zutaten: 250ml heisses Wasser, 2 TL Kamillenblüten (frisch oder getrocknet)

1. Die Kamillenblüten in einem geeigneten Gefäss mit dem Wasser übergiessen und 10 Minuten ziehen lassen.

2. Anschliessend filtern und bis zur gewünschten Trinktemperatur stehen lassen.

2.2. Fencheltee

Zutaten: 1 Tasse heisses Wasser, 1 TL Fenchelsamen

1. Mit dem Mörser die Fenchelsamen zerstossen, bis sie völlig zerkleinert sind, danach mit dem heissen Wasser übergiessen und 6 Minuten ziehen lassen.

2. Anschliessend wenn nötig filtern und bis zur gewünschten Trinktemperatur stehen lassen.

2.3. Hagebuttentee

Zutaten: 250ml heisses Wasser, 2 TL frische oder getrocknete Hagebutten

1. Mit dem Mörser die Hagenbutten grob zerstossen und in ein geeignetes Gefäss geben.

2. Anschliessend mit dem Wasser übergiessen und 10 Minuten ziehen lassen. Wenn nötig filtern und bis zur gewünschten Trinktemperatur stehen lassen.

2.4. Anistee

Zutaten: 200ml heisses Wasser, 1 TL getrocknete Anisfrüchte

1. Mit dem Mörser die Anisfrüchte grob zerstossen, bis sie völlig zerkleinert sind, danach mit dem heissen Wasser übergiessen und anschliessend ca 10-15 Minuten ziehen lassen.

2. Wenn nötig filtern und bis zur gewünschten Trinktemperatur stehen lassen.

2.5. Rooibostee

Zutaten: 200ml heisses Wasser, 1 TL getrockneter Rooibos (etwas schwieriger zu bekommen, im Zweifelsfall diesen Tee einfach im Reformhaus besorgen)

1.Mit dem Mörser den Rooibos grob zerstossen und in ein geeignetes Gefäss geben.

2. Anschliessend mit dem Wasser übergiessen und 10 Minuten ziehen lassen. Wenn nötig filtern und bis zur gewünschten Trinktemperatur stehen lassen.

3. Ernährungsplan nach dem 4. Monat

Wenn mit Beikost angefangen wird, ist es sinnvoll den ersten Gemüsebrei Mittags zu testen, bevor das Baby ganz normale seine Milch bekommt. Einfach ein paar Löffelchen anbieten und testen ob es Gefallen daran findet. Wenn das der Fall ist, kann danach auch gerne nach dem Gemüsebrei schon der erste Versuch mit Obstbrei gestartet werden. Die Rezepte die nun folgen können in beliebigen Variationen zubereitet werden, denn ebenso wie bei uns, hat ja auch jedes Baby bestimmte Vorlieben und Abneigungen. Gutes Gelingen und Guten Appetit.

3.1. Möhrenmus

Zutaten: 150g Möhren, 1 TL Rapsöl

1. Möhren schälen und in kleine Stückchen schneiden, anschliessend die Möhren gar kochen, bis sie vollständig weich sind.

2. Nach dem Abgiessen einen Teelöffel Rapsöl mit dazu geben.

3. Im Anschluss alles pürieren und wenn nötig noch

etwas Wasser für die richtige Konsistenz dazugeben.

4. Einen Teil direkt zum Essen anbieten, den Rest, bestenfalls in Eiswürfelform, einfrieren. Am Anfang ist das die perfekte Portion um zu testen, später kann man dann auf Gläschen umstellen.

3.2. Kartoffelbrei mit Möhren

Zutaten: 100g Kartoffeln, 100g Möhren, 1 TL Rapsöl

1. Kartoffeln und Möhren schälen und in kleine Stücke schneiden. Anschliessend beides gar kochen, bis es richtig weich ist.

2. Nach dem Abgiessen einen Teelöffel Rapsöl mit dazu geben.

3. Im Anschluss alles pürieren und wenn nötig noch etwas Wasser für die richtige Konsistenz dazugeben.

4. Einen Teil direkt zum Essen anbieten, den Rest, bestenfalls in Eiswürfelform, einfrieren. Am Anfang ist das die perfekte Portion um zu testen, später kann man dann auf Gläschen umstellen.

3.3. Pastinaken mit Hühnchen

Zutaten: 100g Hähnchenbrustfilet, 150g Pastinaken

1. Die Pastinaken schälen, in kleine Stücken schneiden und gar kochen. Die Hähnchenbrust ebenfalls kochen und besonders drauf achten das sie durchgekocht ist, ansonsten besteht ein hohes Risiko für Salmonellen!

2. Im Anschluss alles pürieren und wenn nötig noch etwas Wasser für die richtige Konsistenz dazugeben.

3. Einen Teil direkt zum Essen anbieten, den Rest, bestenfalls in Eiswürfelform, einfrieren. Am Anfang ist das die perfekte Portion um zu testen, später kann man dann auf Gläschen umstellen.

3.4. Süsskartoffeln mit Rind und Kürbis

Zutaten: 100g Rinderfilet, 100g Speisekürbisfruchtfleisch, 150g Süsskartoffeln

1. Den Kürbis und die Kartoffeln schälen, klein schneiden und kochen. Das Rinderfilet ebenfalls kochen, wieder drauf achten das es komplett durch gekocht ist.

2. Nach dem Abgiessen alles zusammen in einen Topf geben. Im Anschluss alles pürieren und wenn nötig noch etwas Wasser für die richtige Konsistenz dazugeben.

3. Einen Teil direkt zum Essen anbieten, den Rest, bestenfalls in Eiswürfelform, einfrieren. Am Anfang ist das die perfekte Portion um zu testen, später kann man dann auf Gläschen umstellen.

3.5. Lammfilet an Zuccini-Kartoffeln

Zutaten: 100g Lammfilet, 100g Zuccini, 150g Kartoffeln

1. Die Kartoffeln und den Zuccini schälen, klein schneiden und kochen. Das Lammfilet ebenfalls kochen, wieder drauf achten das es komplett durch gekocht ist.

2. Nach dem Abgiessen alles zusammen in einen Topf geben. Im Anschluss alles pürieren und wenn nötig noch etwas Wasser für die richtige Konsistenz dazugeben.

3. Einen Teil direkt zum Essen anbieten, den Rest, bestenfalls in Eiswürfelform, einfrieren. Am Anfang ist das die perfekte Portion um zu testen, später kann man dann auf Gläschen umstellen.

3.6. Schweinefilet an Kürbismus

Zutaten: 100g Schweinefilet, 200g Speisekürbisfleisch

1. Den Kürbis schälen, klein scheiden und kochen. Das Schweinefilet ebenfalls kochen, wieder drauf achten das es komplett durch gekocht ist.

2. Nach dem Abgiessen alles zusammen in einen Topf geben. Im Anschluss alles pürieren und wenn nötig noch etwas Wasser für die richtige Konsistenz dazugeben.

3. Einen Teil direkt zum Essen anbieten, den Rest, bestenfalls in Eiswürfelform, einfrieren. Am Anfang ist das die perfekte Portion um zu testen, später kann man dann auf Gläschen umstellen.

3.7. Kürbis-Möhren-Brei mit Huhn

Zutaten: 100g Hühnerfilet, 100g Speisekürbisfleisch, 100g Möhren, 1 TL Rapsöl

1. Die Möhren und den Kürbis schälen, klein schneiden und kochen. Das Hühnerfilet ebenfalls kochen, wieder drauf achten das es komplett durchgekocht ist.

2. Nach dem Abgiessen alles zusammen in einen Topf geben und einen Teelöffel Rapsöl hinzufügen.

3. Im Anschluss alles pürieren und wenn nötig noch etwas Wasser für die richtige Konsistenz dazugeben. Einen Teil direkt zum Essen anbieten, den Rest, bestenfalls in Eiswürfelform, einfrieren. Am Anfang ist das die perfekte Portion um zu testen, später kann man dann auf Gläschen umstellen.

3.8. Zuccini-Gurken mit Möhren

Zutaten: 100g Gurken, 100g Zuccini, 100g Möhren, 1 TL Rapsöl

1. Die Möhren, Gurken und Zuccini schälen, klein schneiden und kochen und alles richtig weich ist.

2. Nach dem Abgiessen alles zusammen in einen Topf geben und einen Teelöffel Rapsöl hinzufügen.

3. Im Anschluss alles pürieren und wenn nötig noch etwas Wasser für die richtige Konsistenz dazugeben. Einen Teil direkt zum Essen anbieten, den Rest, bestenfalls in Eiswürfelform, einfrieren. Am Anfang ist das die perfekte Portion um zu testen, später kann man dann auf Gläschen umstellen.

3.9. Apfelmus

Zutaten: ca 10 Äpfel

1. Die Äpfel schälen, entkernen und in kleine Stücke schneiden. Nun mit etwa einer Tasse Wasser in einen Topf geben, es muss eventuell immer wieder etwas Wasser nachgefüllt werden.

2. Jetzt alles für ca 60 Minuten kochen, es reicht aus wenn das Apfelmus auf kleiner Temperatur köchelt.

3. Nach der Kochzeit gut rühren und ggf. noch einmal durch pürieren. Einen Teil direkt zum Essen anbieten, den Rest, bestenfalls in Eiswürfelform, einfrieren. Am Anfang ist das die perfekte Portion um zu testen, später kann man dann auf Gläschen umstellen.

3.10. Birnenmus

Zutaten: ca 12 Birnen

1. Die Birnen schälen, entkernen und in kleine Stücke schneiden. Nun mit etwa einer Tasse Wasser in einen Topf geben, es muss eventuell immer wieder etwas Wasser nachgefüllt werden.

2. Jetzt alles für ca 30 Minuten kochen, es reicht aus wenn das Birnenmus auf kleiner Temperatur köchelt.

3. Nach der Kochzeit gut rühren und ggf. noch einmal durch pürieren. Einen Teil direkt zum Essen anbieten, den Rest, bestenfalls in Eiswürfelform, einfrieren. Am Anfang ist das die perfekte Portion um zu testen, später kann man dann auf Gläschen umstellen.

3.11. Pflaume mit Banane

Zutaten: 2 Bananen, 200g Pflaumen (ohne Steine, nur frisch)

1. Die Pflaumen entsteinen und in einen Kochtopf geben. Eine Tasse Wasser hinzufügen, ggf. wird noch etwas mehr Wasser zum nachgiessen benötigt.

2. Jetzt die Pflaumen für ca 45 Minuten kochen, es reicht aus wenn sie auf kleiner Temperatur köcheln. In regelmässigen Abständen rühren und nach ca 30 Minuten die Bananen hinzugeben und mitköcheln lassen.

3. Im Anschluss alles pürieren und wenn nötig noch etwas Wasser für die richtige Konsistenz dazugeben. Einen Teil direkt zum Essen anbieten, den Rest, bestenfalls in Eiswürfelform, einfrieren. Am Anfang ist das die perfekte Portion um zu testen, später kann man dann auf Gläschen umstellen.

3.12. Birne mit Heidelbeeren

Zutaten: 100g frische Heidelbeeren, 12 Birnen

1. Die Birnen schälen, entkernen, in kleine Stücke schneiden und in einen Kopftopf geben.

2. Eine Tasser Wasser hinzufügen, ggf. wird noch etwas mehr Wasser zum nachgiessen benötigt.

3. Jetzt die Birnen für ca 30 Minuten kochen, es reicht aus wenn sie auf kleiner Temperatur köcheln. In regelmässigen Abständen rühren und nach ca 20 Mintuten Kochzeit die gewaschenen Heidelbeeren hinzufügen.

4. Im Anschluss alles pürieren und wenn nötig noch etwas Wasser für die richtige Konsistenz dazugeben. Einen Teil direkt zum Essen anbieten, den Rest, bestenfalls in Eiswürfelform, einfrieren. Am Anfang ist das die perfekte Portion um zu testen, später kann man dann auf Gläschen umstellen.

3.13. Möhren-Apfel-Brei

Zutaten: 100g Möhren, 6 Äpfel, 1 TL Rapsöl

1. Die Möhren und Äpfel schälen, entkernen und in kleine Stücke schneiden. Die Äpfel mit einer Tasse Wasser in einem Topf zum köcheln bringen, Wasser zum nachgiessen bereit stellen.

2. Nach ca 30 Minuten die Möhren hinzufügen und beides zusammen nochmal weitere 30 Minuten köcheln lassen, dabei regelmässig umrühren und wenn nötig Wasser nachgiessen.

3. Nach 60 Minuten Kochzeit den Teelöffel Rapsöl hinzufügen und alles gut durch pürieren. Einen Teil direkt zum Essen anbieten, den Rest, bestenfalls in Eiswürfelform, einfrieren. Am Anfang ist das die perfekte Portion um zu testen, später kann man dann auf Gläschen umstellen.

3.14. Spinat-Kartoffel-Geflügel-Brei

Zutaten: 50g Kartoffeln, 100g Blattspinat, 30g Geflügelfleisch, 2 TL Rapsöl, 3 EL Orangensaft

1. Das Fleisch in kleine Würfel schneiden und etwa 15 Minuten lang kochen bis es gar ist.

2. Den Spinat und die Kartoffeln waschen, schälen, klein schneiden, mit zu dem Fleisch geben und alles etwa weitere 10 Minuten kochen, bis die Kartoffeln und der Spinat schön weich sind.

3. Nun wird alles ganz fein püriert und der Orangensaft, das Rapsöl und eventuell noch etwas Wasser hinzugefügt, bis der Brei die richtige Konsistenz zum Füttern hat.

3.15. Kartoffel-Karotten-Rindfleisch-Brei

Zutaten: 90g Karotten, 40g Kartoffeln, 20g Rindfleisch, 2 TL Rapsöl, 3 EL Orangensaft

1. Das Rindfleisch klein schneiden und ca 15 Minuten in wenig Wasser gar kochen.

2. Die Kartoffeln und die Karotten schälen, klein schneiden zu dem Fleisch hinzugeben und weitere 10 Minuten mitkochen.

3. Nun wird der Brei ganz fein püriert und der Orangensaft, das Rapsöl und eventuell noch etwas Wasser hinzugefügt, bis der Brei gut zu löffeln ist.

4. Ernährungsplan ab dem 6. Monat

Ab dem 6. Monat ist es vielleicht soweit, dass die Mittagsmahlzeit Ihres Baby komplett durch Beikost ersetzt werden kann. Die Rezepte werden vielseitiger und die Portionen etwas grösser. Wenn Ihr Baby nach einigen Löffelchen nicht mehr mag, dann ist das auch in Ordnung, denn auch die Kleinen entwicklen sehr schnell ein hervorragendes Sättigungsgefühl. Nach dem Gemüsebrei kann dann als "Nachtisch" jederzeit schon Obstbrei angeboten werden und die Milchmahlzeit Mittags, ist eventuell nicht mehr nötig. Gutes Gelingen und Guten Appetit.

4.1 Kartoffelbrei mit Möhren und Hackfleisch

Zutaten: 100g Hackfleisch, 80g Möhren, 100g Kartoffeln, etwas Vollmilch 3,5% für den Kartoffelbrei

1. Die Möhren und Kartoffeln wie gewohnt schälen, in kleine Stücke schneiden und anschliessend in einem Topf gar kochen.

2. Das Hackfleisch ohne zusätzliches Fett anbraten, wenn nötig etwas Wasser hinzufügen. Alle Zutaten fertig gekocht in einen Topf geben, ca 2 Esslöffel Vollmilch hinzufügen und alles gut pürieren.

3. Einen Teil direkt zum Essen anbieten, den Rest, wie gewohnt einfrieren, jetzt durchaus schon in kleinen Plastikdosen oder Gläschen.

4.2. Hühnchen an Reis-Mais

Zutaten: 80g Hühnerbrustfilet, 100g Reis, 2-3 EL Maiskörner

1. Den Kochbeutelreis nach Packungsanleitung gar kochen. Inzwischen die Hähnchenbrust durchgaren und wieder drauf achten das es komplett durch gegart ist, aufgrund der Salmonellen Gefahr.

2. Die Maiskörner kurz abkochen und mit dem Reis und der Hähnchenbrust in einen Topf geben.

3. Im Anschluss alles pürieren und wenn nötig noch etwas Wasser für die richtige Konsistenz dazugeben.

4. Einen Teil direkt zum Essen anbieten, den Rest, wie gewohnt einfrieren, jetzt durchaus schon in kleinen Plastikdosen oder Gläschen.

4.3. Babys Bolognese

Zutaten: 50g Hackfleisch, 4 EL passierte Tomaten, 2 EL Sellerie (klein geschnitten), 1 Möhre, 3 EL kleine Nudeln

1. Die Möhre und den Sellerie schälen, in kleine Stücke schneiden und anschliessend zusammen gar kochen.

2. Das Hackfleisch schonend anbraten und die Nudeln weich kochen. Wenn das Gemüse gar ist, abgiessen, Hackfleisch hinzugeben und alles noch einmal aufkochen.

3. Danach die Nudeln in die Sosse geben. Im Anschluss alles pürieren und wenn nötig noch etwas Wasser für die richtige Konsistenz dazugeben. Einen Teil direkt zum Essen anbieten, den Rest, wie gewohnt einfrieren, jetzt durchaus schon in kleinen Plastikdosen oder Gläschen.

4.4. Fisch mit Nudeln und Spinat

Zutaten: 100g Fisch, 100g Blattspinat, 50g kleine Nudeln

1. Nudeln und Spinat kochen, bei frischem Blattspinat drauf achten das er vorher gewaschen wurde.

2. Den Fisch dünsten und danach alle Zutaten zusammen tun und wieder pürieren. Einen Teil direkt zum Essen anbieten, den Rest, wie gewohnt einfrieren, jetzt durchaus schon in kleinen Plastikdosen oder Gläschen.

4.5. Bananen-Advocado-Brei

Zutaten: 2 Bananen, 1 reife Advocado

1. Die Bananen schälen und zerdrücken, anschliessend die Advocado aufschneiden und auskratzen.

2. Nun alles zu einem Brei vermischen, das wars schon. Einen Teil direkt zum Essen anbieten, den Rest, wie gewohnt einfrieren, jetzt durchaus schon in kleinen Plastikdosen oder Gläschen.

4.6. Buntes Gemüse Allerlei

Zutaten: 50g Zuccini, 50g Kartoffeln, 50g Kürbis, 50g Möhren, 50ml Vollmilch (3,5%), 4 EL TK Erbsen, 2 TL Rapsöl

1. Das gesamte Gemüse, bis auf die Erbsen schälen, schneiden, in einen Topf mit etwas Wasser geben und ca 10 Minuten köcheln lassen.

2. Die Erbsen dazu tun und nochmals alles kurz kochen lassen. Dann das Gemüse abgiessen, die Milch und das Öl hinzufügen und alles durch pürieren. Einen Teil direkt zum Essen anbieten, den Rest, wie gewohnt einfrieren, jetzt durchaus schon in kleinen Plastikdosen oder Gläschen.

4.7. Reisflockenbrei mit Birne-Vanille

Zutaten: 80 g Reisflocken, 100g Birnen, 800ml Vollmilch (3,5%), Mark einer Vanilleschote

1. Die Milch auf dem Herd zum Kochen bringen, anschliessend herunter nehmen, die Reisflocken reinrühren und gut quellen lassen.

2. Die Birnen schälen, schneiden und pürieren, sodass kleine Stückchen entstehen. Das Mark aus der Vanilleschote heraus kratzen und zu den Birnen geben.

3. Nun das Birnenmus zu den Reisflocken zugeben und gut umrühren. Einen Teil direkt zum Essen anbieten, den Rest, wie gewohnt einfrieren, jetzt durchaus schon in kleinen Plastikdosen oder Gläschen.

4.8. Dinkelbrei mit Banane

Zutaten: 100g Bananen, 20g Dinkelflocken, 90ml Vollmilch (3,5%), 5g Butter

1. Die Milch mit den Dinkelflocken aufkochen und knapp 2 Minuten köcheln lassen.

2. Die Bananen schälen und danach zu dem Dinkelbrei zugeben.

3. Das Flöckchen Butter hinzufügen und alles grob pürieren.

4.9. Pfirsich-Apfel-Brei

Zutaten: 2 Äpfel, 6 Pfirsiche, 1 TL Rapsöl, etwas Wasser

1. Die Äpfel schälen und entkernen, die Pfirsiche in eine Schüssel legen, mit heissem Wasser aus dem Wasserkocher übergiessen und kurz ruhen lassen. 2. Einen Topf mit etwas Wasser füllen, mit den in kleine Stücke geschnittenen Äpfeln aufkochen und gute 20 Minuten köcheln lassen.

3. Nun die Schale von den Pfirsichen lösen, in kleine Stücke schneiden, den Kern entfernen und die Pfirsich Stückchen zu den Äpfeln geben.

4. Nun alles kurz zusammen kochen, ab und zu etwas Wasser zugeben und zum Schluss den Schluck Öl hinzugeben und alles gut durch pürieren. Einen Teil direkt zum Essen anbieten, den Rest, wie gewohnt einfrieren, jetzt durchaus schon in kleinen Plastikdosen oder Gläschen.

4.10. Mango-Brei

Zutaten: 2 Mangos, 1 TL Rapsöl

1. Die Mangos schälen, entsteinen und in kleine Stücke schneiden. Ein wenig Wasser, den TL Öl und die Mangostücke in ein hohes Rührgefäss geben und alles gut zu einem Fruchtbrei durchpürieren. Einen Teil direkt zum Essen anbieten, den Rest, wie gewohnt einfrieren, jetzt durchaus schon in kleinen Plastikdosen oder Gläschen.

4.11. Babys Kekse

Zutaten: 200g Dinkelmehl (Typ 630), 100g Butter, 1 Banane

1. Backofen auf 200 Grad Ober- /Unterhitze vorheizen.

2. Alle Zutaten in einer Rührschüssel zusammen zu einem glatten Keksteig kneten.

3.Auf einer bemehlten Arbeitsfläche ausrollen und wie gewohnt bei Keksen in verschiedenen Formen ausstechen. Die Kekse auf ein mit Backpapier ausgelegtes Blech legen und für ca 15 Minuten in den Backofen schieben. Fertig sind die Kekse und schmecken der ganzen Familie.

4.12. Babys Brot

Zutaten: 450g Dinkelmehl (Typ 630), 1 Würfel Hefe oder 1 Päckchen Trockenhefe, 200ml Möhrensaft, 1 EL Rapsöl

1. Backofen auf 170 Grad Ober-/Unterhitze vorheizen.

2. Das Mehl mit der Trockenhefe in eine Schüssel geben und verrühren.

3. Den Möhrensaft in der Mikrowelle erwärmen und mit dem Öl zu dem Mehl geben. Frische Hefe kann direkt unter den warmen Möhrensaft gerührt werden.

4. Den Teig mit Knethaken rund 5 Minuten zu einem glatten Teig kneten, danach bei Zimmertemperatur ca gut 45 Minuten ruhen lassen.

5. Nach der Ruhezeit noch einmal gut durchkneten, Brötchen in der grösse deiner Wahl formen, auf ein Backblech mit Backpapier legen und für 15 Minuten in den Backofen schieben. Danach gut auskühlen lassen und dem Baby anbieten.

4.13. Haferbrei

Zutaten: 200ml Vollmilch (3,5%), 20g Haferflocken

1. Milch in einem Topf zum Kochen bringen, danach vom Herd nehmen und die Haferflocken gut unterrühren.

2. Quellen lassen und danach mit Obstbrei deiner Wahl servieren, da Haferbrei eher neutral schmeckt.

4.14. Dinkelbrei

Zutaten: 200ml Vollmilch (3,5%), 20g Dinkelflocken

1. Milch in einem Topf zum Kochen bringen, danach vom Herd nehmen und die Dinkelflocken gut unterrühren.

2. Quellen lassen und danach mit Obstbrei deiner Wahl servieren, da Dinkelbrei eher neutral schmeckt.

4.15. Grießbrei

Zutaten: 200ml Vollmilch (3,5%), 20g Grieß

1.Milch in einem Topf zum Kochen bringen, danach vom Herd nehmen und den Grieß gut unterrühren. Quellen lassen und danach mit Obstbrei deiner Wahl servieren, Grießbrei schmeckt aber auch vielen Babys ohne diese Zugabe.

4.16. Hirsebrei

Zutaten: 200ml Vollmilch (3,5%), 50g Hirse

1. Die Milch in einen Topf geben und die Hirse hinzufügen. Alles einmal aufkochen lassen, dann bei geringer Temperatur weitere 10 Minuten köcheln und danach abkühlen lassen.

2. Hirsebrei entweder so anbieten, aber vermutlich wird er dem Baby mit Obstbrei wesentlich besser schmecken.

4.17. Zwieback-Brei

Zutaten: 2 Scheiben Zwieback, 200ml heisses Wasser

1. Die Hälfte von dem heissen Wasser in eine Schüssel geben und den Zwieback darin einlegen.

2. Den Zwieback zerdrücken, quellen lassen und nach Bedarf und Konsistenz etwas Wasser nachgiessen. Nun kannst du jedes Obst deiner Wahl hinzugeben, besonders gut schmeckt er aber mit Bananen.

4.18. Kartoffel-Getreide-Brei mit Zuccini

Zutaten: 3-4 EL Getreide Brei (nach Wahl von den o.g.), 50g Kartoffeln, 100g Zuccini, 35ml Orangensaft, 2 TL Rapsöl

1. Die Zuccini und die Kartoffeln schälen, klein schneiden und in ein wenig Wasser weich kochen.

2. Den Getreide-Brei und den Orangensaft hinzugeben und alles gut durch pürieren, eventuell muss noch etwas Wasser hinzugefügt werden. Zum Schluss das Rapsöl einrühren und fertig.

4.19. Gemüse-Getreide-Brei mit Kürbis

Zutaten: 6-7 El Getreide Brei (nach Wahl von den o.g.), 1 TL Rapsöl, 150ml Wasser, 100g Hokkaido-Kürbis

1. Den Kürbis schälen, würfeln, in 150ml Wasser weich kochen und anschliessend pürieren.

2. Den Getreidebrei mit Rapsöl in einem Teller bereit stellen und den noch warmen Kürbisbrei unterrühren. Bei Bedarf noch etwas Wasser hinzufügen, bis der Brei die richtige Konsistenz hat.

4.20. Avocado - Birne Topping

Zutaten: 50g Advocado, 50g Birne, 1,5 TL Rapsöl

1. Die Birne und die Advocado schälen, schneiden und zu einem weichen Brei pürieren. Einfach mit einem Getreidebrei deiner Wahl mixen, das Öl hinzugeben und fertig.

5. Rezepte ab dem 8. Lebensmonat

4 Monate ist es nun möglicherweise schon her das Ihr Baby seine erste Mahlzeit bekommen hat. Der Pürierstab verliert nun langsam an Bedeutung, denn Ihr Baby hat möglicherweise schon erste Zähnchen. Milchmahlzeiten sind nicht mehr allzu gefragt, denn der Energiebedarf wächst mit jedem Tag und Ihr Baby wird immer mobiler. Möglicherweise wird Ihr Baby nun vielleicht sogar schon frühstücken wollen und morgens nicht mehr ausschliesslich Milch trinken. Dazu nun ein paar Rezepte die jetzt jederzeit erlaubt sind. Gutes Gelingen und Guten Appetit.

5.1. Schoko-Grießbrei mit Himbeeren

Zutaten: 200ml Vollmilch (3,5%), 1 Birne, 50g Himbeeren, 1 TL Backkakao, 2 EL Grieß

1. Die Milch in einem Topf zum Kochen bringen, einmal aufkochen lassen und dann auf niedrigste Stufe stellen.

2. Den Grieß und den Kakao in die Milch einrühren und für 5-10 Minuten quellen lassen, dabei ab und zu rumrühren. Die Birnen schälen, entkernen, in

kleine Stücke schneiden und in ein hohes Rührgefäss geben.

3. Die Himbeeren waschen, zu den Birnen geben und alles gut pürieren, sodass einen Fruchtsosse entsteht. Zuviel Fruchtsosse kann jederzeit, wie vorher, in kleinen Eiswürfelportionen eingefroren werden. Wenn der Schoko-Grießbrei abgekühlt ist, kann er in einer Schale gefüllt werden, mit der Fruchtsosse übergossen und serviert werden.

5.2. Joghurt mit Erdbeer-Himbeer-Püree

Zutaten: 100g Himbeeren, 200g Erdbeeren, 3 EL Vollmilchjoghurt (3,5%), Getreidebrei deiner Wahl (aus den vorherigen Rezepten)

1. Den Getreidebrei wie gehabt zubereiten und auskühlen lassen.

2. Die Himbeeren und Erdbeeren waschen, in ein hohes Rührgefäß geben und gut pürieren.

3. Den Joghurt unter den abgekühlten Getreidebrei rühren und das Himbeer-Erdbeer-Püree darüber verteilen. Auch dieses Püree kann jederzeit eingefroren werden, wenn es eine zu grosse Menge ist.

5.3. Milchreis

Zutaten: 600ml Vollmilch (3,5%), 125g Milchreis, Mark einer Vanilleschote nach Bedarf

1. Die Milch in einem Topf zum Kochen bringen, den Milchreis einrühren, nach Bedarf das Makr der Vanilleschote auskratzen und hinzufügen.

2. Den Herd runter stellen und den Milchreis ausquellen lassen, eventuell noch etwas Milch hinzufügen.

3. Den Milchreis mit selbst gekochtem Obstbrei oder Obstsoße servieren.

5.4. Milchbrot

Zutaten: 250g Dinkel-Vollkornmehl, 250g Dinkelmehl Typ 630, 125g Butter, 2 Eier, 270ml Vollmilch (3,5%), 1 Päckchen Trockenhefe oder 1 Würfel frische Hefe

1. Backofen auf 170 Grad Ober-/Unterhitze vorheizen.

2. Beide Mehlsorten in einer Rührschüssel geben, die Trockenhefe kann in diesem Falle schon untergerührt werden. #

3. Die Milch erwärmen und die Butter darin schmelzen, wird frische Hefe verwendet, so kann diese nun mit in der Milch aufgelöst werden.

4. Die Eier unter das Mehl schlagen, die Milch mit der Butter hinzufügen und alles für 5 Minuten zu einem glatten Teig verkneten.

5. Nun für 45 Minuten bei Zimmertemperatur ruhen lassen, bis der Teig an Volumen zugenommen hat.

6. Eine Kastenform mit Butter fetten und etwas Dinkelmehl bestäubem, damit das Brot später nicht festbackt.

7. Den Teig noch einmal kräftig durchkneten, in die Kastenform hineingeben und für 50-60 Minuten in den Backofen geben. Nach der Backzeit die Ofentür öffnen und das Brot noch für 5 Minuten im Backofen drin lassen.

8. Danach heraus nehmen, aus der Form holen und auskühlen lassen. Damit die Kruste für das Baby nicht so hart ist das Brot am besten bis zum nächsten Tag in ein feuchtes Tuch einschlagen, dann sollte es kein Problem mehr haben, die Kruste zu kauen.

5.5. Marmelade

Zutaten: 200ml Wasser, 500g Kirschen, 2 gehäufte TL Speisestärke

1. Die Kirschen waschen, entsteinen, mit dem Wasser in einen Topf geben und aufkochen. Etwa 30 Minuten kochen, bei Bedarf noch etwas Wasser hinzugeben, bis etwa die Konsistenz von Apfelmus erreicht wird.

2. Die Speisestärke in eine Schale geben, 5 EL kaltes Wasser zugeben und mit einer Gabel glatt rühren bis keine Klumpen mehr sichtbar sind.

3. Diese Mischung nun unter die Kirschen rühren, dabei sehr gut umrühren. Die Kirschmarmelade kann nun in Gläschen abgefüllt werden, Deckel verschrauben, Gläschen 10 Minuten auf den Kopf stellen und anschliessend wenden. Wenn der Deckel dann ploppt, hat das Abfüllen optimal geklappt.

5.6. Babys Hühnerfrikassee

Zutaten: 2 grosse Möhren (kleine Würfel), 250g Sellerie (kleine Würfel), 2 Stiele Petersilie, 1 Tasse TK Erbsen, 3 Stangen Spargel, 5 Champions, 25g Reisflocken, 350g Hühnerbrust, 1,5L Wasser, 2 EL Rapsöl

1. Die Hühnerbrust mit den Möhren, der Petersilie mit Stiel und dem Sellerie in einen Topf geben und das ganze Wasser angiessen. Das Ganze mindestens 1,5 Stunden köcheln lassen, so entsteht eine leckere Brühe für das Frikassee. Diese sollte zum Schluss auf etwa 500ml reduziert sein.

2. Das Fleisch nun herausnehmen und in kleine, mundgerechte Stücke zerteilen. Die Brühe wird in ein hohes Rührgefäß gegossen und die Petersilie kann nun ganz herausgenommen werden.

3. Das Öl in einem Topf erhitzen und nun, ähnlich wie bei einer Mehlschwitze, die Reisflocken hinzugeben und ständig mit einem Schneebesen weiterrühren.

4. Nach und nach die Brühe hinzugeben, bis eine cremige Sosse entsteht. Jetzt den Spargel, die Champions, die Erbsen und das Fleisch hinzugeben und alles nochmal gut 10 Minuten köcheln lassen. 5. Wie stark nun püriert werden soll, hängt von der Vorliebe des Babys ab, da bereits Reisflocken

enthalten sind, benötigt das Frikassee nicht unbedingt eine Beilage.

5.7. Nudeltopf

Zutaten: 500g Nudeln, 500g passierte Tomaten, 500g Möhren, 1 kleine Zuccini, 50ml Rapsöl

1. Die Nudeln in nicht gesalzenem Wasser gar kochen, währenddessen das Gemüse putzen, schälen und sehr klein schneiden.

2. Die passierten Tomaten in einen Topf geben, das Gemüse hinzufügen und alles für ca 15 Minuten köcheln lassen.

3. Jetzt werden die Nudeln abgegossen, zu der Tomatensosse hinzugegeben und das Öl als letztes untergerührt. Je nach Vorliebe des Babys können die Nudeln direkt so gegessen werden, oder aber kurz durchpürieren, falls komplette Nudeln noch zu gross sind.

5.8. Babys Reibekuchen

Zutaten: 500g TK Erbsen, 250g Ricotta, 4 gehäufte EL Mehl, 2 Eier, Rapsöl zum Braten

1. 350g der Erbsen in eine hohe Rührschüssel geben und glatt pürieren. Nun die Eier, den Ricotta und die restlichen Erbsen hinzufügen und alles kräftig umrühren, dabei soviel Mehl hinzugeben, das eine gut löffelbare Konsistenz entsteht.

2. Das Öl in einer Pfanne erhitzen, kleine Kleckse von dem Teig hineingeben und von beiden Seiten anbraten. Wenn die Reibekuchen nur noch warm sind, können sie serviert werden.

5.9. Babys Kekse mit Birne

Zutaten: 100g Butter, 150g Dinkel-Vollkornmehl, 50g Birnensaft (ohne Zusätze)

1. Backofen auf 160 Grad Ober-/Unterhitzen vorheizen.

2. Alle Zutaten in eine Schüssel geben und zu einem glatten Teig zusammen kneten.

3. Kleine Kleckse von dem Teig auf ein mit Backpapier ausgelegtes Backblech geben, für 15 Minuten in den Backofen schieben und fertig sind die Kekse.

5.10. Gemüsesuppe mit Hackbällchen

Zutaten: 100g gemischtes Hackfleisch, 3 Möhren, 1 kleine Tasse Erbsen TK, 2 Kartoffeln, ein wenig Dinkelvollkornmehl, ein wenig Rapsöl

1. Die Möhren und Kartoffeln schälen, klein schneiden und in einem Topf mit etwas Öl kurz anbraten. Ein wenig Mehl auf das Gemüse stäuben, gut umrühren und danach 300 ml Wasser unter rühren hinzufügen.

2. Nun die Erbsen hinzufügen und alles etwa 5 Minuten köcheln lassen.

3. Nun formst du aus dem Hackfleisch kleine Bällchen, gibst diese in die Suppe und lässt das Ganze für etwa weitere 20 Minuten köcheln, dabei eventuell nochmal Wasser nachgiessen. Je nach Bedarf und Geschmack kann der Eintopf mit Kräutern verfeinert werden, denn die sind mittlerweile auch erlaubt.

5.11. Babys Gulasch

Zutaten: 750g Gulasch, 1-2 Möhren (in Würfeln), 50g Knollensellerie (in Würfeln), 3 EL Tomatenmark, Wasser, evtl. Sossenbinder

1. Das Fleisch zunächst komplett durchbraten, danach den Sellerie und die Möhren hinzufügen und alles nochmals kurz durchbraten.

2. Nun das Wasser mit in die Pfanne geben und das Tomatenmarkt einrühren. Je nach Konsistenz des Gulaschs kannst du nun entweder etwas Sossenbinder hinzufügen oder etwas Wasser nachgiessen.

3. Die Portion für Ihr Baby am besten kurz pürieren, da Gulasch doch eher zäh ist. Die Portion für den Rest der Familie kann ganz nach Belieben mit Gewürzen verfeinert werden. Sollte es dazu Nudeln geben kann das Baby sie einfach so mitessen, Kartoffeln einfach etwas zerdrücken.

5.12. Couscous-Salat

Zutaten: 1 Tasse Couscous, 3 EL Tomatenmark, eine halbe Gurken (fein geschnitten), Frühlingszwiebeln (fein geschnitten), 2-3 Tassen kochendes Wasser, 2 EL Rapsöl, etwas Pfeffer und Knoblauch

1. Den Couscous in eine grosse Schüssel geben, Tomatenmark, Pfeffer, Knoblauch und Öl hinzufügen.

2. Die 2 Tassen Wasser aufkochen, zu dem Couscous geben, alles gut umrühren (nach Bedarf später noch die 3. Tasse Wasser hinzufügen) und 15 Minuten quellen lassen.

3. Die Gurken und Zwiebeln klein schneiden und zu dem Salat hinzufügen. Die Portion für Ihr Baby aufteilen, der Rest kann für die ganze Familie nach Belieben verfeinert und gewürzt werden, je nach Geschmack.

5.13. Fisch mit Karotte und Kartoffeln

Zutaten: 25g gekochter weisser Meeresfisch (Filet), 1 EL gekochte Karotte, 1 EL gekochte Kartoffel, 1 EL Milch, etwas Butter

1. Kartoffeln und Karotten schälen, würfeln und in einem Topf mit Wasser zugedeckt kochen lassen.

2. Nach ca 10 Minuten den Fisch mit etwas Milch oder Wasser pochieren, bis er gar ist (ca 10 Minuten).

3. Danach alle Zutaten vom Herd nehmen, Wasser abgiessen und alles gut abkühlen lassen. Anschliessend alle Zutaten in einen Topf geben und gut durch pürieren.

5.14. Einfaches Hähnchen-Bananen-Gericht

Zutaten: 100g Hühnerbrust, 1 reife Banane, 100 ml Kokosmilch

1. Backofen auf 180 Grad Ober-/Unterhitze vorheizen.

2. Die Hähnchenbrust der Länge nach aufschneiden, mit der Banane füllen und in einer kleinen Auflaufform mit der Kokosmilch übergiessen.

3. Für ca 40 Minuten in den Backofen schieben, bis die Hähnchenbrust komplett gar ist. Nach dem Abkühlen grob pürieren.

5.15. Zuccinirisotto mit Käse

Zutaten: 50g Risotto-Reis, 80g Zuccini (in Stücke geschnitten), 100ml heisses Wasser oder ungesalzene Gemüsesuppe, 2 EL Olivenöl, 20g Reibekäse

1. Das Öl mit dem Reis in einen Topf geben und rühren bis der Reis leicht angebräunt ist.

2. Dann heisses Wasser hinzugeben, unter Rühren ca 10 Minuten köcheln lassen und bei Bedarf Wasser nachgiessen.

3. Die Zuccini hinzufügen, gut umrühren und weitere 5 Minuten kochen lassen. Wenn der Reis weich ist

den Käse hinzugeben und bei Bedarf grob pürieren.

5.16. Püree aus Karotte, Spinat und Käse

Zutaten: 1 grosse Karotte (geschält, in Stücke geschnitten), 1/3 Dose gehackte Tomaten, 50g junger Spinat, 30g Reibekäse

1. Die Karotten kochen bis sie weich sind, dann beseite stellen und abkühlen lassen.

2. Die Dosentomaten in einem Topf erhitzen, den Käse unterrühren und sobald dieser geschmolzen ist, den Spinat dazugeben und unter Rühren kochen, bis er zusammengefallen ist.

3. Alles abkühlen lassen bis es lauwarm ist, dann die Kartoffeln hinzugeben und bei Bedarf grob pürieren. Schmeckt ausgezeichnet mit Kartoffelpüree.

5.17. Hähnchen-Birnen-Püree

Zutaten: 1 Süsskartoffel (geschält, in Würfel geschnitten), 1 Birne (entkernt, in Würfel geschnitten), 120g Zuccini (fein gehackt), 1 Hähnchenbrustfilet (klein geschnitten), 500ml Gemüsefond mit wenig Salzgehalt

1. Das Fond in einer grossen Pfanne zum Kochen bringen, das Hühnerfleisch hinzugeben und bei geringer Hitze 10 Minuten köcheln lassen.

2. Birne und Süsskartoffel hinzugeben, nach weiteren 10 Minuten die Zuccini und nochmals alles 5 Minuten köcheln lassen, bis alle Zutaten gar und weich gekocht sind. Bei Bedarf grob pürieren.

5.18. Gemüse-Käse-Suppe

Zutaten: 50g Süsskartoffeln (geschält und gehackt), 250g Kartoffeln (geschält und gewürfelt), eine halbe Stange Lauch (fein gehackt), 25g ungesalzene Butter, 1 EL Mehl, 100ml Milch, 50g Reibekäse

1. Die Süsskartoffeln und Kartoffeln in einem Topf mit Wasser ca 15 Minuten weich kochen, danach die Hälfte der Kartoffeln rausnehmen und beiseite stellen, den Rest pürieren.

2. In einem weiteren Topf die Butter schmelzen, den Lauch darin sautieren bis er weich ist und anschliessen das Mehl und die Milch unter ständigem Rühren hinzufügen.

3. Den Käse, die Kartoffelwürfel und das Püree mit einrühren und alles servieren sobald es abgekühlt ist. Die Portion für die Familie nach Belieben nachwürzen.

5.19. Süsskartoffel-Apfel-Suppe

Zutaten: 200g gekochte Süsskartoffeln, 2 TL gekochten Apfel, 50ml Milch, 180ml salzarme Hühnersuppe, 2 TL Mehl, 2 TL Butter

1. Die Butter in einem Topf erhitzen und mit dem Mehl eine Mehlschwitze herstellen, bis diese goldgelb wird.

2. Zuerst unter Rühren die Brühe hinzufügen, danach den Apfel und die Süsskartoffeln. Einmal gut aufkochen lassen und danach bei geringer Hitze für weitere 5 Minuten köcheln.

3. Danach grob pürieren, die Milch hinzufügen und nochmals gut verrühren und warm servieren.

5.20. Zuccini-Nudeln

Zutaten: 50g Nudeln (gekocht), 1 Zuccini (geschnitten), 1 TL Schnittlauch, etwas Olivenöl, 25g Reibekäse

1. Die Zuccini weich kochen, etwas Öl hinzufügen und grob pürieren.

2. Danach den Schnittlauch unterrühren, die Zuccinimasse über den warmen Nudeln verteilen und nach Geschmack mit geriebenem Käse bestreuen.

6. Rezepte ab dem 10. Lebensmonat

Verrückt wie die Zeit vergeht oder? Nun naht schon der erste Geburtstag von Ihrem kleinen Schatz. Es gibt jetzt kaum noch Lebensmittel die verboten sind, Tomate, Paprika und auch Thunfisch stehen nun mit auf dem Speiseplan. Auch Fingerfood dürfte nun sehr beliebt sein bei Ihrem Baby, Obst, Gemüse, Brötchen, Kekse, alles muss probiert werden. Das geht völlig in Ordnung, solange sie Ihr Baby damit niemals unbeaufsichtigt lassen. Die Gefahr des Verschluckens ist noch viel zu gross. Völlig normal ist auch das das Baby des öfteren den Löffel zur Seite legt und alles mit den Händen probieren und essen will. Auch wenn in dieser Zeit die Waschmaschine häufiger laufen muss, ist das gut und normal so, denn Ihr Baby erkundet und tastet mit allen Sinnen, was da auf dem Teller liegt. Eigentlich ist nun das extra Kochen für Ihr Baby fast nicht mehr notwenig, denn im Prinzip darf es alles und es würde ausreichen wenn die Familie einfach später nachwürzt. Aber hier trotzdem noch ein paar kleine Anregungen von mir, gutes Gelingen und guten Appetit.

6.1. Babys Müsli

Zutaten: 300g grobe Haferflocken, 2 EL Sesam, 2 EL Reissirup, 2 EL Kokosöl, 2 EL Kakaopulver

1. Das Kokosöl in einer Pfanne zergehen lassen, anschliessend den Reissirup hinzugeben und beides erhitzen, bis die Masse zu blubbern beginnt.

2. Nun den Sesam in die Pfanne geben und ständig rühren, bis eine goldgelbe Masse entsteht.

3. Jetzt wird der Kakao hinzugefügt und die Pfanne vom Herd genommen. Die Haferflocken können jetzt untergerührt werden und die ganze Masse wird auf ein mit Backpapier ausgelegtes Backblech zum abkühlen verteilt.

4. Zwischendurch ab und zu Rühren, nun ergeben sich typische kleine Müsli Häufchen die dann am Ende besonders gut mit Joghurt oder Milch schmecken.

6.2. Schokopudding

Zutaten: 500ml Vollmilch (3,5%), 2 EL Speisestärke, 1 EL Backkakao, 1 EL Honig zum Süssen

1. Die Hälfte der Milch in einen Topf geben und sofort den Honig, den Kakao und die Speisestärke hinzufügen und mit einem Schneebsen kräftig rühren, bis keine Klumpen mehr vorhanden sind.

2. Jetzt wird der Rest der Milch hinzugefügt und alles wird unter ständigem Rühren aufgekocht, dabei dickt der Pudding ein. Nach dem Abkühlen kann er pur oder mit Obstbrei serviert werden.

6.3. Rotes Risotte mit Hack

Zutaten: 120g Rinderhack, 120g Risottoreis, 250ml Gemüsebrühe, 500ml passierte Tomaten, 1 kleine Zwiebel (fein geschnitten), 1 rote Paprika (fein geschnitten), 2 EL geriebenen Käse, 1 TL Rapsöl

1. Einen Topf mit dem Öl erhitzen und Paprika und Zwiebel darin abraten.

2. Anschliessend das Hackfleisch hinzugeben, kräftig durchbraten, bis es krümelig ist.

3. Nun wird alles mit der Brühe aufgegossen und der Reis hinzugefügt. Wenn kaum noch Flüssigkeit vorhanden ist, werden die passierten Tomaten hinzugegeben und alles muss weitere 20 Minuten köcheln.

4. Je nach Geschmack können Kräuter hinzugefügt werden und nach dem das Essen auf den Tellern serviert ist, wird etwas von dem geriebenen Käse drüber gestreut.

6.4. Carbonara-Sosse

Zutaten: 1 kleine Zuccini, 2 Scheiben magerer Kochschinken, 4 EL Frischkäse, italienische Kräuter, etwas Wasser

1. Die Zuccini waschen, klein schneiden, in etwas Öl anschwitzen und anschliessend eine halbe Tasse Wasser mit in den Topf geben.

2. Jetzt die Kräuter mit in die Sosse geben und alles langsam aufkochen lassen.

3. Sobald die Zuccini weichgekocht sind, wird der Frischkäse sowie der klein geschnitte Kochschinken dazugegeben und alles noch einmal aufgekocht. Nudeln schmecken dazu ausgezeichnet.

6.5. Thunfischsosse

Zutaten: 1 kleine Dose Thunfisch im eigenen Saft, 120g Mangold, 1 kleine Zwiebel, 3 EL Frischkäse Natur, ein wenig Rapsöl, Kräuter nach deiner Wahl

1. Die Mangold waschen, klein schneiden und in einem Topf mit dem Öl anschwitzen. Anschliessend die Zwiebel hinzufügen und alles gut anbraten.

2. Nun eine halbe Tasse Wasser zugeben und das Gemüse solange dünsten lassen, bis es komplett weichgekocht ist (eventuell muss noch Wasser nachgegossen werden).

3. Von dem Thunfisch etwas Saft abgiessen, damit die Sosse nicht zu dünn wird und komplett zu dem Gemüse dazugeben.

4. Zum Schluss die Kräuter und den Frischkäse einrühren und alles noch einmal aufkochen lassen. Dazu schmecken Nudeln, Reis, Couscous oder auch Bulgur, ganz nach Belieben.

6.6. Frikadellen und Kartoffelbrei mit Kohlrabi

Zutaten: 10 Kartoffeln, 500g Hackfleisch, Kohlrabi, 1 Zwiebel (fein geschnitten), 1 Ei, etwas warme Vollmilch (3,5%), eine Prise Muskatnuss, etwas Butter, etwas Paniermehl

1. Die Kartoffeln und den Kohlrabi schälen, schneiden und kochen.

2. Das Hackfleisch in eine Rüheschüssel geben und die Zwiebel, das Ei und etwas Paniermehl dazugeben und alles gut miteinander vermengen.

3. Das Hackfleisch nun zu kleinen Frikadellen formen und in einer Pfanne mit etwas Butter gut durchbraten.

4. Wenn die Kartoffeln gar und abgegossen sind, wird die Milch, Butter und Muskatnuss hinzugefügt und alles mit einem Kartoffelstampfer kräftig klein gestampft, sodass ein leckerer Kartoffelbrei entsteht. Den Kohlrabi nun ebenfalls abgiessen und schon ist das Essen fertig. Der Rest der Familie kann natürlich nach Belieben nachwürzen.

6.7. Lasagne

Zutaten: 500g Hackfleisch, 500g passierte Tomaten, 10 Lasagneplatten, 50g Sellerie (fein gewürfelt), 2 Möhren (fein gewürfelt), 1 Zwiebel (fein gewürfelt), etwas Oregano, etwas Knoblauchpulver, eine Prise Muskatnuss, 40g Butter, 30g Dinkelmehl, 500ml Vollmilch (3,5%), 100g geriebener Käse

1. Backofen auf 200 Grad Ober-/Unterhitze vorheizen.

2. Das Hackfleisch gut anbraten und mit einem Löffel zerstossen, sodas eine krümelige Masse entsteht.

3. Das geschnitte Gemüse hinzufügen und es einmal gut mit durchbraten. Jetzt die passierten Tomaten dazugeben, sowie die Kräter und Gewürze und alles 10 Minuten köcheln lassen.

4. Um eine Mehlschwitze herzustellen, wird jetzt die Butter im Topf zerlassen und nach und nach, unter ständigem Rühren, Mehl hinzufügt.

5. Nun immer etwas Milch hinzugeben bis sie andickt und erneut Milch dazu geben, solange bis die ganze Milch verbraucht ist, dann mit der Prise Muskatnuss würzen und vom Herd nehmen.

6. Nun wird in einer Auflaufform die Sosse abwechselnd mit den Nudelplatten geschichtet,

dabei mit Sosse beginnen und auch abschliessen.

7. Zum Schluss die Mehlschwitze darüber geben, die Lasagne mit dem Käse bestreuen und für ca 30-40 Minuten in den Backofen schieben. Für die letzten 10 Minuten empfiehlt sich Heissluft, dann wird der Käse knuspriger. Wie immer kann der Rest der Familie nach Belieben nachwürzen.

6.8. Tassenkuchen ohne Zucker

Zutaten: 2 EL Dinkelmehl, 1 Ei, 1 Messerspitze Backpulver, 4-5 EL Vollmilch (3,5%), eine halbe zerdrückte Banane, 1 TL Rapsöl

1. Die zerdrückte Banane in eine Schüssel geben, die gesamten restlichen Zutaten hinzufügen und alles zu einem glatten Teig zusammen rühren.

2. Den Teig nun in zwei kleine Tassen füllen und diese für 2-3 Minuten bei ca 600 Watt in die Mirkowelle stellen. Küchlein vor dem Verzehr gut auskühlen lassen. Dieser Kuchen ist nach Geschmack völlig variibar mit anderem Obst, Kakao, Nüssen etc. ganz wie es beliebt und schmeckt.

6.9. Bratapfel

Zutaten: 1 kleiner Apfel, einige Rosinen, 1 TL Butter, 1 Scheibe Zwieback, etwas Zimt

1. Backofen auf 200 Grad Ober-/Unterhitze vorheizgen.

2. Den Apfel waschen und mit einem Entkerner das Kerngehäuse herausholen. Danach die Schale einritzen, sodass der Saft gut ablaufen kann.

3. Den Zwieback auf ein Stück Alufolie legen und darauf den Apfel setzen. Den Apfel mit Rosinen füllen uns obendrauf ein Stückchen Butter geben.

4. Nun etwas Zimt auf den Apfel streuen, die Alufolie oben schliessen und den Apfel für 15 Minuten in den Backofen geben. Lassen Sie den Apfel vor dem Essen ordentlich auskühlen.

6.10. Ofenpfannkuchen Äpfelchen

Zutaten: 125g Dinkelvollkornmehl, 125g Dinkelmehl Typ 630, 2 Eier, 1 EL weiche Butter, 2 grosse Äpfel, 650ml Vollmilch (3,5%), etwas Vanillemark

1. Den Backofen auf 200 Grad Ober-/Unterhitze vorheizen.

2. Alle Zutaten, bis auf die Äpfel, in eine Schüssel geben und zu einem glatten Teig zusammen rühren.

3. Danach die Äpfel schälen, mit einer Küchenreibe sehr klein reiben, ebenfalls zu dem Teig dazu geben und gut unterrühren.

4. Ein Backblech mit Backpaier auslegen, den Teig drauf verteilen und für ca 25 Minuten in den Backofen schieben. Bis zur gewünschten Temperatur abkühlen lassen und entweder pur oder mit etwas Obstmus geniessen.

6.11. Kokospudding mit Mangomus

Zutaten: 300ml Vollmilch (3,5%), 200ml Kokosmilch, 4 EL Speisestärke, 50g Kokosraspeln, 2 reife Mangos

1. Die Milch, gemeinsam mit der Speisestärke in einen Kopftopf geben und mit einem Schneebesen glatt rühren.

2. Die Kokosraspeln, sowie die Kokosmilch hinzufügen und alles unter ständigem Rühren aufkochen. Sobald der Pudding kocht, dickt er automatisch ein und kann dann vom Herd genommen werden zum abkühlen.

3. Nun werden die Mangos geschält, das Fruchtfleisch von Kern getrennt und in einem hohen Rührgefäß gut zu einem Mus püriert.

4. Der abgekühlte Pudding kann nun mit dem Mus serviert werden, dabei spielt es keine Rolle ob Mango, Erdbeeren, Pfirsiche oder andere Früchte verwendet werden.

6.12. Babys Bolognese

Zutaten: 100g rohe Nudeln, 150g zartes Rindfleisch, 70g Möhren, 70g Paprikaschoten, 20g Zwiebeln, 350ml passierte Tomaten, 4 TL Schmand, 1 TL Kräutermischung, 2 Prisen Salz, 1 Prise Zucker

1. Das Fleisch, die Möhren und die Paprika waschen und alles in kleine Stücke schneiden, die Zwiebel fein würfeln.

2. Nun das Öl in einem Topf erhitzen, die Möhre, Zwiebel und Paprika unter ständigem Rühren glasig dünsten. Das Fleisch hinzufügen und etwa 5 Minuten mitkochen lassen, dabei gelegentlich umrühren. Zucker, Salz, passierte Tomaten hinzufügen, unterrühren und alles zugedeckt bei mittlerer Hitze schmoren lassen.

3. In der Zwischenzeit die Nudeln gar kochen, nicht in Salzwasser! Nach ca 20 Minuten wenn das Fleisch zart, das Gemüse weich und die Sosse sämig ist, werden die Kräuter und der Schmand mit untergerührt.

4. 1/3 der Sosse abnehmen, pürieren und anschliessend wieder der Sosse hinzufügen, so wird diese schön sämig. Die Nudeln mit der Sosse vermengen und fertig. Für den Rest der Familie wie immer, nach Belieben nachwürzen.

6.13. Käse-Mais-Puffer

Zutaten: 200ml Milch, 100g Mehl, 85g Maiskörner aus der Dose, 1 Ei, ein halber TL Backpulver, 4 EL Reibekäse, 1 TL Schnittlauch (in Röllchen geschnitten), 2 TL Rapsöl

1. Milch und Ei mit einer Gabel in einer kleinen Schüssel verquirlen, danach Mehl und Backpulver hinzufügen und alles zu einem weichen Teig verarbeiten.

2. Nun Käse, Mais und Schnittlauch unterrühren.

3. Das Öl in einer Pfanne erhitzen und immer etwa 1 EL Teig pro Puffer hineingeben und von jeder Seite 1-2 Minuten braten, bis die Puffer goldgelb und aufgegangen sind. Tropfen Sie die Puffer ab und servieren Sie sie noch warm.

6.14. Käsekuchen

Zutaten: 1kg Quark, 3 Eier, 130g Margarine, 100g Maismehl, 750g reife Bananen, 400ml Kokosmilch, 1 Mark von einer Vanilleschote, 1 TL Backpulver

1. Backofen auf 170 Grad Ober-/Unterhitze vorheizen.

2. Margarine, Eier, Backpulver, Maismehl, Vanillemark und Quark in einer Schüssel gut verrühren.

3. Die Bananen mit der Kokosmilch ganz fein pürieren, mit in die Schüssel geben und alles mit dem Mixer kräftig verrühren.

4. Eine 26er Springform fetten, mehlen und die Quarkmasse hineingeben. Nun etwa eine Stunde backen, falls der Kuchen oben zu dunkel wird, für den Rest Backzeit mit Alufolie abdecken. Nach der Backzeit abkühlen lassen, aus der Form lösen und nach Belieben mit Kokosraspeln, Kakaopulver o.a. dekorieren.

6.15. Hafer-Apfelbrötchen

Zutaten: 120ml Apfeldirektsaft, 100g Butter, 4 EL Honig, 2 Äpfel (geschält, gewürfelt), 300g Mehl Typ 1050, 200g zarte Haferflocken, 1 Päckchen Trockenhefe, 1 Prise Salz

1. Backofen auf 200 Grad Ober-/Unterhitze vorheizen.

2. Die Butter in einem Topf schmelzen lassen, den Apfelsaft mit erwärmen und anschliessend den Honig darin auflösen.

3. Haferflocken, Mehl und Hefe vermischen und mit dem Apfelsaftgemisch zu einem weichen Teig verkneten.

4. Nun die Apfelstückchen dazugeben, unterkneten und den Teig an einem warmen Ort ca 45 Minuten gehen lassen.

5. Den Teig nochmals gut durchkneten, kleine Brötchen formen und auf ein mit Backpapier ausgelegtes Backblech geben.

6. Die Brötchen mit etwas Wasser besprühen und auf mittlerer Schiene für ca 20 Minuten backen, danach abkühlen lassen. Diese Brötchen eignen sich auch prima zum Einfrieren und können bei Bedarf in kurz in der Mikrowelle wieder aufgetaut werden.

6.16. Nudel-Erbsen-Topf mit Schinken

Zutaten: 150g Nudeln, 100g Erbsen TK, 3 EL Créme Fraìche, 2 Scheiben Kochschinken (klein gewürfelt), 2 EL Basilikum (gehackt)

1. Die Nudeln in einem Topf mit Wasser kochen, dabei kein Salz hinzugeben. Etwa 5 Minuten vor Ende der Garzeit die gefrorenen Erbsen hinzufügen.

2. Erbsen und Nudeln abgiessen, Créme Fraíche unterrühren und die Schinkenwürfel, sowie das Basilikum mit in den Topf geben. Etwas abkühlen lassen und warm servieren.

6.17. Häschenwaffeln

Zutaten: 100g Mehl, 150g Möhren (geschält und gerieben), 2 Eier, 50g weiche Butter, 1 EL Zucker, etwas Salz, 50g zarte Haferflocken, 200ml Buttermilch, Puderzucker

1. Die beiden Eier trennen und das Eiweiss mit der Prise Salz steif schlagen. Butter, Zucker und Eigelb nun schaumig rühren, anschliessend Haferflocken, Mehl, Buttermilch und Möhren einrühren.

2. Nun den Eischnee unterheben und den kompletten Teig für etwa 10 Minuten quellen lassen. Nun wie gewohnt im Waffeleisen goldbraun backen und mit Puderzucker servieren.

6.18. Fischfilet asiatisch

Zutaten: 50g Kartoffeln (klein geschnitten), 50g Fischfilet, 1 Scheibe Ananas aus der Dose (ungezuckert), etwas Kokosmilch, 60g Fenchel, 1 TL Rapsöl, etwas Salz und Pfeffer, etwas Wasser, etwas Rapsöl

1. Die Kokosmilch mit etwas Wasser in einem Topf erhitzen, anschliessend den Fisch hinzufügen und nach etwa 5 Minuten die Kartoffeln, Ananas und den Fenchel hinzugeben und alles nochmals ca 10 Minuten weich garen.

2. Einen Teil der Kartoffeln und das Fischfilet in mundgerechte Stücke schneiden, den Rest im Topf pürieren und schwach würzen. Nun noch etwas Rapsöl und dann alles umrühren.

6.19. Grießsüppchen

Zutaten: 1 EL Karotten (fein gerieben), 2 EL Weizengrieß, 50g Hühnerbrust, 150ml Wasser, etwas Salz

1. Die Hühnerburst waschen, in kleine Würfel schneiden, in einen Topf mit dem Wasser und etwas Salz geben und ca 30 Minuten bei schwacher Hitze kochen.

2. Fleischstückchen eventuell grob pürieren, die Karotte hinzugeben und unter Rühren langsam den Weizengrieß einrieseln lassen. Unter Rühren zum Kochen bringen, vom Herd herunter nehmen und zugedeckt für 5 Minuten stehen lassen.

3. Die Suppe sollte nun etwa die Konistenz wie Brei haben und kann jetzt warm serviert werden.

6.20. Apfel-Bananen-Sahne-Nachtisch

Zutaten: eine halbe Banane, ein halber Apfel, 1 TL Sahne

1. Banane schälen, halbieren, mit der Gabel zerdrücken und fein schlagen. Apfelhälfte entkernen und in den Entsafter geben.

2. Nun das Bananemus, den Apfelsaft und die Sahne vermischen und sofort servieren.

7. Nährstoffliste

Die wichtigsten Nährstoffe für dein Baby - Die 11 wichtigsten Vitamine, Mineralstoffe und Spurenelemente für dein Baby

1. Eisen

Eine Eisenmenge von ca 20-40g sollten die kleinen Essanfänger wöchentlich zu sich nehmen. Enhalten ist Eisen vor allem in Rindfleisch, Nüssen oder eisenreiche Gemüse- oder Getreidesorten. Eisen ist wichtig für die Blutbildung, ebenso sorgt es dafür das der Sauerstofftransport im Blut stattfinden kann.

2. Vitamin C

Vitamin C begünstig die Aufnahme von Eisen. Frisch gepresster Orangesaft, Äpfel, Birnen und Tomanten sind reich an Vitamin C und daher bestens geeignet. Ob als Saft, Mus oder frisch aufgeschnitten, sollte es am besten mit zu der Fleischmahlzeit gegeben werden, damit der volle Vitamin C Gehalt vorhanden ist.

3. Kalzium

Der Körper braucht Kalzium für Knochenaufbau und Stabilität, ebenso für die Blutgerinnung und Stoffwechselvorgänge. Die besten Kalziumlieferanten sind Milchprodukte, Milch und Vollkorn. Joghurt, Quark, Buttermilch, Vollmilch und Vollkornmehl lassen sich auch wunderbar in Muffins, Waffeln oder Kuchen mit verwenden. Karotten, Sesam und Kokosnuss sind ebenfalls gute Kalziumlieferanten.

4. Omega-3-Fettsäuren

Omega-3-Fettsäuren können nicht selbst vom Körper gebildet werden, sind aber für Zellstoffwechsel, Eiweißsynthese, Hormonproduktion und die Bildung körpereigener Abwehr gegen Infektionen zuständig. Neben Lachs, als grösstert Lieferant, liefern auch Rapsöl, Leinöl, Hanföl und Walnussöl Omega-3-Fettsäuren. Es wird empfohlen Ihrem Baby zweimal pro Woche Fisch anzubieten.

5. Omega-6-Fettsäuren

Omega-6-Fettsäuren, auch als Linolsäuren bekannt, wirken u.a. bei der Heilung von Wunden und beim

Wachstum mit.

6. Zink

Zink ist u.a. für das Wachstum von Haaren und Haut, für die Insulinspeicherung und die Eiweißsynthese verantwortlich. Der Körper benötigt ebenfalls Zink für alle Abwehrfunktionen. Enthalten ist Zink in Haferflocken, Cashews und Vollkorngetreide.

7. Jod

Jod ist von grösster Bedeutung für die Schilddrüse. Schildrüsenhormone sind sehr wichtig für alle Stoffwechselvorgänge im Körper, sie beeinflussen die geistige und die körperliche Entwicklung, sowie das Wachstum. Milch und Milchprodukte, sowie Seefisch und Hühnerei enthalten Jod.

8. Flour

Der Körper benötigt Flour für gesunde Zähne und stabile Knochen. Bei Flourmangel sind später oft Mangelerscheinungen zu erkennen, besonders an den Zähnen (Karies). Flour ist enthalten zum Beispiel in Walnüssen und Fisch.

9. Kalium

Für die Regulation des körpereigenen Wasserhaushaltes und der Reizweiterleitung des Nervensystems ist Kalium ein wichtiger Mineralstoff. Kalium ist enthalten in Petersilie, Kartoffeln, Spinat, Nüssen, Feigen, Banane, Aprikosen, Pfirsiche, Advocado sowie auch in Trauben.

10. Natrium

Für den Säure-Basen-Haushalt, den Blutdruck sowieso auch die Regulation des Wasserhaushaltes ist Natrium wichtig. Es ist sogesehen der Gegenspieler von Kalium und die Nervenübertragung funktioniert nur, wenn beide zusammenspielen.

11. Magnesium

Für das Nervensystem, sowie für den Stoffwechsel ist Magnesium ein ganz wichtiger Nährstoff. Enhalten ist es in Nüssen, Bananen und ebenfalls in Vollkornprodukten.

Es gibt weitere Vitamine, Mineralstoffe und Spurenelemente die wichtige Funktionen in unserem Körper übernehmen. Babys sollten keine Nahrungsergänzungmittel bekommen, ausser Vitamin D in Form der Vigantoletten. Während das Baby voll gestillt wird, muss man sich um all das überhaupt keine Sorgen machen, in dieser Zeit ist es bestens und optimal versorgt. Fängt man allerdings mit der Beikost an, sollte man die o.g. Nährstoffe durchaus versuchen mit zu beachten und Lebensmittel anbieten wo diese ausreichend drin enthalten sind.

8. Tipps für Eltern

Liebe Eltern, ich denke das waren nun eine ganze Menge an Informationen, Rezepten und Anregungen. Ich weiss aus eigener Erfahrung das es nichts aufregenderes gibt wie die Zeit wenn ein Baby erwartet wird und es dann da ist. Man hat auf der einen Seite furchtbar viel Angst was falsch zu machen, auf der anderen Seite will man das Baby aber natürlich auch nicht zuviel bemuttern, denn Babys lernen sehr schnell und sehr viel und entwickeln sich wirklich von Tag zu Tag. Was mir wichtig ist auch noch zu betonen, kein Baby und auch kein Kind ist wie ein anderes. Jedes ist individuell und genau das ist gut und richtig so. Lassen Sie sich niemals unter Druck setzen weil ein genau gleich altes Baby schon mehr kann oder mehr isst oder besser isst oder besser krabbelt etc. Genau Ihr Baby bestimmt sein Tempo selbst und bei jeder U-Untersuchung wird gründlich untersucht ob das alles altersgerecht und normal ist. Niemand hat vorzuschreiben ab wann was gut ist für das Baby und so manch kluger Ratschlag kann ruhig zu dem einen Ohr rein und zu dem anderen rausgehen. Eltern spüren selbst was für den kleinen Schatz das beste ist und wann er für was bereit ist. Dies gilt insbesondere eben auch für das Thema Essen. Während für manche wie selbstverständlich

Stillen von Anfang an das Beste ist, entscheiden andere sich fürs Fläschchen und das ist ebenso völlig in Ordnung. Während die einen wirklich nach dem 4. Monat schon mit Beikost anfangen, gibt es widerrum andere die 8 Monate voll stillen und erst dann mit Beikost anfangen. Einfach auf das eigene Herz und Gefühl hören und Ihr Baby gut beobachten, dann kommt alles so und in dem Tempo wie es soll. Ich hoffe jeder konnte für sich etwas in diesem Ratgeber finden, mitnehmen und verwenden und wünsche Ihnen und Ihrem Baby von Herzen alles erdenklich Gute und weiterhin eine sehr spannende und wunderschöne Zeit.

Sara Olssen

1. Auflage

Kontakt: JT-Handels-UG/ Berumer Str. 44/ 26844 Jemgum